Opération Diam's

John Tully est né en 1923 en Angleterre. Il quitte l'école à quinze ans et débute sa carrière de reporter dans la rubrique « Faits divers » d'un petit journal local. Plus tard, une station de radio et une chaîne de télévision lui demandent d'imaginer des émissions pour enfants. Fort de ces expériences, il en vient à écrire des histoires et à les publier en Angleterrre, mais aussi en France, où il travaille avec Bayard Presse.

Arthur Robins est né en 1944 en Angleterre. Après des études à l'école d'Art de Twickenham, il devient illustrateur. Aujourd'hui il dessine beaucoup pour la presse française et étrangère et adapte aussi en livres des émissions de télévision pour enfants.

Bayard Éditions est une marque
du département Livre de Bayard Presse
ISBN 2. 227. 72333. 5

Opération Diam's

Un roman de John Tully
traduit de l'anglais par Pierre Girard
illustré par Arthur Robins

BAYARD ÉDITIONS

1

Une étrange rencontre

J'étais en retard, ce soir-là, pour rentrer chez moi, et je me hâtais le long des quais de Londres. Alors que je contournais le petit square qui conduit à Albert Bridge, un gars est sorti des fourrés et m'a interpellé :

– Les mains en l'air !

Son revolver avait tout l'air d'un vrai, mais j'ai vu aussitôt qu'il s'agissait d'une imitation, d'un de ces modèles tellement ressemblants que les commerçants n'ont pas le droit de les vendre.

– Tu as de l'argent ? Donne-le-moi !

Il parlait avec un accent bizarre, mi-américain,

mi je-ne-sais-quoi d'autre. Moi ? De l'argent ? Ça me faisait rire. C'était vraiment une drôle d'idée.

– Ce revolver est chargé ! dit-il en m'enfonçant l'extrémité du canon dans les côtes.

Il n'aurait jamais dû faire ça : tenir une arme trop près de quelqu'un, c'est le meilleur moyen de se la faire prendre. Un officier-instructeur était venu à l'école, une fois, et il nous avait montré comment s'y prendre quand on est agressé.

Obéissant, j'ai levé les bras, en tirant bien sur mes épaules.

– Ne tire pas, s'il te plaît !

Rassuré, il s'est détendu. Moi, j'ai continué à parler pour occuper son attention.

– Je n'ai pas beaucoup d'argent sur moi, mais ce que je vais faire, c'est...

Mon bras gauche s'est rabattu et je l'ai violemment frappé au poignet. J'ai enchaîné avec un bon coup de genou là où ça fait le plus mal. Le revolver lui est tombé des mains. Je l'ai attrapé au vol.

– Salut, j'ai dit. Ravi de t'avoir connu.

Et j'ai filé sur le pont en courant à toutes jambes. Je tenais l'objet dans ma poche, en pensant aux quelques copains à qui j'allais faire peur avec ça. J'entendais des pas derrière moi, mais j'ai attendu de me trouver de l'autre côté du pont pour m'arrêter et me retourner. C'était lui.

– Qu'est-ce que tu veux encore ?

Il semblait en plein désarroi.

– Je suis perdu, je n'ai pas d'endroit où aller... Je ne connais pas cette ville. Il y a des rues qui vont dans toutes les directions. Ça ne ressemble pas à Paris ou à New York.

Paris ! Bien sûr ! Il parlait l'anglais des Américains, avec un accent français.

– Où tu habites ?

– Mon père a un appartement dans Park Lane. Mais je ne peux pas retourner là-bas. Je me suis enfui.

Ces mots, « Park Lane », avaient pour mon oreille la douceur d'un tintement de clochettes. Pour vivre dans ce genre de quartiers, il faut vraiment être plein aux as. Vous empilez des billets de banque du sol jusqu'au plafond, et ça vous fait tout juste de quoi payer le loyer du mois. Le papa de ce garçon devait être friqué, et même superfriqué ! Et le gamin s'était sauvé ! Supposons que quelqu'un le ramène : il aurait bien mérité une petite récompense, non ?

– Comment tu t'appelles ? j'ai demandé.

– Vincent.

Il l'avait prononcé à l'anglaise, à mon intention.

– Moi, c'est Johnny. Tu peux venir chez moi ce soir, si tu veux.

Et j'ai pensé : « J'espère que ton papa saura se montrer généreux, demain, quand je te raccompagnerai chez toi... »

Il s'est mis à trottiner à côté de moi, et il a lancé :

– Je voulais te dire, pour le revolver... Si tu comptes le garder dans ta poche, vaudrait mieux mettre le cran de sécurité !

Je me suis immobilisé et je l'ai regardé fixement.

– Le cran de sécurité ?

Il a hoché la tête.

– Il est chargé. Avec de vraies balles.

J'ai sorti l'arme de ma poche comme si j'avais tenu un bâton de dynamite. Si mon geste avait été moins rapide, tout à l'heure, ou si son doigt avait glissé sur la gâchette... J'ai dit :

– Tiens, je te le rends !

Et je le lui ai mis brusquement dans la main.

Mon oncle Fred et ma tante Edna étaient déjà au lit quand je suis arrivé avec Vince – c'est comme ça que j'avais décidé de l'appeler. Ils nous avaient probablement entendus entrer, mais je m'en moquais : la maison m'appartient, elle m'a été laissée par ma mère, et s'il me plaît de ramener un pauvre fugitif (ou un riche fugitif, comme cette fois-là), je n'ai pas d'explications à donner.

J'ai mis des couvertures sur le canapé-lit que tante Edna tient toujours prêt dans le *living-room* pour d'éventuels visiteurs. Je lui ai donné du café et des tartines avec du beurre et de la confiture. Il avait un appétit d'enfer. Après avoir tout englouti, il a eu l'air sonné, mais je ne voulais pas qu'il s'endorme tout de suite. J'ai dit :

– Bon, allons-y, maintenant ! Tu vas tout me raconter. Je veux la vérité, toute la vérité, et rien d'autre.

Et il m'a raconté son histoire.

Quand il était petit, Vince ne voyait pas souvent son père, Jules Constant, qui était sans cesse absent, occupé ailleurs à gagner de l'argent. Mais le jeune Vince n'en souffrait pas trop, car il était très heureux avec sa maman. Jusqu'à ce jour, deux ans plus tôt, où sa mère était morte subitement. Vince avait été brisé par le chagrin. Ne sachant trop que faire de ce garçon, Jules l'avait emmené avec lui de France en Amérique, pays où, à l'époque, il gagnait le plus d'argent. Il était donc resté à New York pendant presque deux ans, d'où son anglais de vrai petit Amerloque.

Il y a six mois, Jules s'était remarié. Elle s'appelait Linda, mais pour Vince, c'était « la Poison ». Elle ne parlait pas un mot de français et ne se donnait même pas la peine d'essayer. Jules l'avait laissé mettre à la porte tous les domestiques que Vincent connaissait depuis toujours, pour les remplacer par une équipe d'Américains pur sang.

Parmi eux, il y avait un certain Dirk, un ex-joueur de football, immense et tout en biceps. Chaque fois que Vince s'écartait du droit chemin, c'était Dirk qui se chargeait de l'y remettre, en

brandissant un énorme poing sous son nez pour s'assurer que la leçon serait bien comprise. Dirk, à vingt-cinq ans, était juste deux fois plus jeune que Jules, et Vince le soupçonnait de remplir auprès de la Poison des fonctions dont son père ignorait tout.

Un mois avant ces événements, Jules avait décidé qu'il gagnerait encore plus d'argent en ouvrant un bureau à Londres. Il avait donc pris cet appartement dans Park Lane, et ils s'y étaient tous installés – enfin, tous les gens importants : la Poison, Vince, Dirk, et le chef-cuisinier.

– Je pense qu'elle et Dirk veulent se débarrasser de moi, a dit Vince.

– Se débarrasser de toi ? Qu'est-ce que tu racontes ?

– Je pense qu'ils voudraient m'éliminer pour que je n'hérite pas de la fortune de Papa. La Poison veut tout avoir pour elle. C'est pour ça qu'elle a épousé mon père.

J'ai frissonné. Ce gosse commençait à me faire de la peine. Ce qui n'est pas bon, évidemment. Quand vous commencez à vous attendrir sur les gens, vous ne pouvez plus leur faire d'entourloupe.

– Et tu es parti pour ça ? Parce que tu avais peur ?

Vince a fait oui de la tête.

– Je ne pouvais plus rester, après ce qui venait de se passer.

Vince m'a raconté alors comment, depuis son arrivée à Londres, la Poison avait entrepris de se lancer dans « la haute société britannique ». Cet après-midi-là, elle recevait lady Trucmuche de Quelque Chose, et on avait demandé à Vince de débarrasser le plancher et de rester dans sa chambre. Il avait sa propre télé, bien sûr, mais au bout d'un moment elle avait cessé de l'intéresser, et il s'était glissé dans le bureau de Jules Constant pour y prendre un livre.

La Poison et lady Trucmuche se trouvaient de l'autre côté de la cloison, devant un petit coffre-fort mural dont la porte était ouverte. La Poison tenait devant sa gorge un collier dont les diamants, une série d'énormes cabochons, lançaient des éclairs de toutes les couleurs comme un carrefour où tous les feux de circulation seraient devenus fous.

– Divin ! avait dit la dame poliment.

– C'est plutôt joli, c'est vrai, avait reconnu la Poison, usant de la voix sucrée qu'elle réservait aux aristos. Jules me l'a offert quand nous nous sommes mariés.

– C'est faux ! avait hurlé Vince en fonçant sur elle pour lui arracher le collier des mains.

– Maman me l'a donné avant de mourir !

La Poison s'était tournée vers lui en glapissant.

– Non, elle n'a jamais fait ça ! Ce collier est à moi, pas à toi, et tu ne pourras jamais prouver le contraire, vu que ta chère maman était bien trop idiote pour faire un testament !

Il y eut un claquement sec – la main de Vince sur la joue de la Poison.

– Quelle horreur, avait murmuré lady Trucmuche.

La Poison avait hurlé, encore plus fort :

– Dirk !

Vince s'était rué sur la porte en bousculant la visiteuse, pour se retrouver nez à nez avec Dirk.

– Attrape-le ! criait la Poison. Il est devenu fou !

Une grande paluche s'était abattue et refermée sur la nuque de Vince. Quelques minutes plus tard, le collier avait repris place dans le coffre-fort, lady Trucmuche s'était échappée, et Vince était de retour dans sa chambre, dominé par la masse imposante de Dirk. Dans l'encadrement de la porte se tenait la Poison, écumante de rage.

– Vous pouvez me faire ce que vous voudrez ! leur avait crié Vince. Je m'en fiche !

Dirk levait le poing, prêt à répondre à l'invitation, mais la Poison avait lancé de sa voix sifflante :

– Non ! Ne le touche pas. J'ai une meilleure idée.

Ils étaient ressortis en verrouillant la porte de l'extérieur. Vince avait peur ; après ce qu'avait dit la Poison, il était certain de passer un très mauvais quart d'heure.

Dirk lui avait apporté à manger vers six heures, sans dire un mot, et avait refermé la porte à clef. Il faisait nuit noire quand il était revenu.

– Je veux parler à papa, avait dit Vince.

Les coins de la bouche de Dirk s'étaient soulevés, et pourtant il ne souriait pas.

– Monsieur et madame Constant sont sortis pour dîner. Ils ont donné congé au reste du personnel.

Vince comprit qu'il était seul dans la maison avec Dirk. Il voulut plonger vers la porte, mais une main d'acier se referma sur son bras, l'immobilisant avant qu'il ait fait trois pas.

Sans ajouter un mot, Dirk avait traîné Vince dans les escaliers jusqu'au dernier étage de l'appartement, puis tout au long d'un corridor jusqu'à un petit placard aménagé dans l'épaisseur du mur. Il y avait là des boîtes de fusibles et tout un matériel électrique. Vince s'était débattu, lançant des coups de pied et des coups de griffe, mais Dirk l'avait jeté au fond du placard dont il avait claqué la porte sur lui. Elle n'était pas fermée à clef, mais on ne pouvait pas, faute de poignée, l'ouvrir de l'intérieur.

Il n'y avait pas non plus de lumière. Plongé dans une obscurité totale, Vince se mit à donner des coups de poing dans la porte et à hurler. Puis il s'immobilisa, haletant. Il faisait de plus en plus chaud dans ce placard, l'air y semblait de plus en plus lourd. Brusquement, il comprit pourquoi. La porte était hermétique pour protéger l'installation électrique : le feu ne pouvait pas la traverser en cas d'incendie... et aucun air ne pouvait y pénétrer.

C'était donc cela qu'ils avaient trouvé pour se débarrasser de lui ! Et quand on retrouverait son corps sans vie au fond de ce placard, Dirk dirait qu'il s'y était enfermé lui-même !

Pris de panique, il s'était mis à donner des coups de pied contre la porte, avant de réaliser que plus il s'agiterait, plus vite il épuiserait le peu d'air encore respirable. Il s'était immobilisé, essayant de ne plus respirer du tout...

C'est sans doute cet effort pour rester calme qui l'avait rendu capable de réfléchir à nouveau. Armé du gros canif qu'il avait toujours dans sa poche, il avait suivi du bout des doigts l'encadrement de la porte. Puis il avait enfoncé la lame près de la serrure, arrachant des morceaux de bois jusqu'à sentir quelque chose de métallique : le pêne !

À moitié asphyxié et inondé de transpiration, Vince avait appuyé la lame contre la petite pièce de métal, la repoussant millimètre par millimètre, jusqu'au moment où elle s'était décrochée enfin, libérant la porte qui s'était brusquement ouverte devant lui. Et il s'était précipité hors du placard, en aspirant de grandes bouffées d'air, comme une baleine échappée des profondeurs de l'océan.

Vince était encore en nage au seul souvenir de son séjour dans ce placard.

– Où était Dirk pendant tout ce temps ? j'ai demandé.

Arthur Robins

– Il avait dû sortir lui aussi. Pour se donner un alibi, je suppose. J'ai foncé jusqu'au bureau de papa, avec l'espoir qu'il aurait laissé traîner un peu d'argent, mais il n'y en avait pas. Évidemment, le coffre-fort était fermé et je n'ai pu prendre le collier. Mais je me suis souvenu que papa gardait un revolver dans le tiroir de son bureau.

J'étais étonné.

– Ton père a un revolver ?

– Toujours, depuis qu'il a vécu à New York. Je me suis dit que ça pourrait toujours servir, et je l'ai pris. Comme je ne voulais pas sortir par la porte principale, au cas où Dirk la surveillerait, je suis remonté au dernier étage. Il y a un petit cabinet là-haut, avec une fenêtre par laquelle on peut descendre jusqu'à une passerelle qui conduit au toit de l'immeuble voisin. Et au bout de cette passerelle, on tombe sur un escalier de secours. C'est de cette façon que j'ai pu sortir et que je me suis retrouvé dans la rue. J'ai marché tout droit pendant très longtemps, jusqu'à la rivière. Il était tard, j'avais terriblement faim, alors je me suis arrêté et j'ai attendu… jusqu'au moment où tu es arrivé !

2

Un plan diabolique

Le lendemain matin, il y avait un gros titre dans le journal de mon oncle : « La police recherche le fils d'un millionnaire français. » Et à côté de l'article figurait une photo d'identité de Vince. Mon oncle ne l'avait pas encore vu. Il commence toujours par les sports, à la dernière page du journal, et va rarement plus loin dans sa lecture.

– Il y a un garçon dans le *living-room*, a dit ma tante Edna.

J'ai aussitôt mis la main sur l'article et la photo, et j'ai dit :

– C'est un copain à moi. On va s'en aller.

J'ai fait sortir Vince de la maison aussi vite que possible et je l'ai emmené jusqu'à la décharge de vieilles voitures où je savais que je pourrais le cacher pendant quelque temps en toute sécurité. En chemin, on a rencontré Teabag, qui fait partie de ma bande. Je lui ai dit :

– Cours chercher Lips et Billy, et dis-leur de nous rejoindre à la décharge. Qu'ils apportent de quoi manger.

Je me suis tapi avec Vince dans une vieille Ford Cortina pour attendre les copains. J'ai dit :

– Tu sais, Vince, j'ai réfléchi à ce que tu m'as raconté. À mon avis, ces deux-là n'avaient pas vraiment l'intention de te tuer. Ça aurait été trop risqué. Dirk devait se douter que tu trouverais un moyen de sortir du placard, et qu'ensuite tu t'échapperais. Je crois que c'était ça, leur idée : te faire partir.

Vince fronçait les sourcils, réfléchissant à tout cela.

Je le regardais avec tristesse.

– Les choses étant ce qu'elles sont, je ne vois pas très bien ce que tu peux faire. Tu m'as bien dit que tu n'avais pas d'argent ?

Vince a secoué la tête.

– Si seulement j'avais pu emporter ce collier avec moi, Johnny ! J'aurais pu en tirer des milliers, peut-être des centaines de milliers de livres. C'est ce que Maman aurait voulu.

Il est resté un moment silencieux, puis j'ai vu une lueur apparaître dans ses yeux.

– Peut-être que je devrais retourner là-bas et le prendre !

– Tu veux dire… voler ce collier ?

– Ce ne serait pas du vol, Johnny, puisqu'il est à moi de toute façon. Tu ne comprends pas ?

J'ai fait un effort pour avaler ma salive.

– Tu m'as dit qu'on le gardait dans un coffre-fort ?

– Papa le sort chaque fois que la Poison veut le porter.

Je le regardais fixement. Je n'étais pas sûr de comprendre ce qu'il suggérait. Il m'a pris la main et l'a serrée très fort :

– Johnny, j'ai une idée ! Si vous acceptiez de m'aider, toi et tes copains, on y arriverait peut-être ! Quand j'aurai vendu le collier, on pourra partager l'argent !

Cette fois, j'étais certain qu'on se comprenait. Des centaines et des centaines de milliers de livres ! Et ce n'était même pas du vol ! J'ai senti s'allumer dans mes yeux la même petite lueur qui brillait déjà dans les siens.

C'est alors que Teabag est arrivé par le trou de la

clôture, les inséparables Lips et Billy sur ses talons.

Vince nous a exposé son projet tout en picorant dans les paquets de chips, de biscuits salés et les autres restes apportés par les copains.

La discussion a duré toute la matinée. Lips n'en perdait pas un mot. Il faut dire qu'elle a un gros faible pour les garçons français, et un autre gros faible pour les garçons américains, et celui-là parlait à la fois comme un Français et comme un Américain, alors... Teabag, comme toujours, posait des questions impossibles, et je me creusais les méninges pour lui répondre. Le petit Billy écoutait sagement, sans rien dire.

Quand on s'est enfin séparés, on avait mis notre plan au point, et on l'avait appelé « Opération Diam's ».

Cet après-midi-là, j'ai enfilé mon jean tout neuf et un T-shirt propre, et je me suis mis en route pour Park Lane, suivi de Vince.

Un flic se tenait en faction devant l'immeuble. On l'avait mis là pour tenir à distance les journalistes, les cinglés et les escrocs qui arrivent chaque fois que les gens ont de gros ennuis, surtout les gens riches.

– Salut, mon brave !

J'avais pris mon meilleur accent d'Oxford*, celui que j'imite souvent pour faire rire les copains. Il m'a regardé d'un œil soupçonneux, comme si j'avais voulu lui faire une blague. Ce qui était bien le cas, d'ailleurs.

* L'accent le plus distingué d'Angleterre.

– C'est moi, Vincent Constant, lui a dit Vince.

Le flic a sursauté, le casque sur sa tête en a fait autant, et il a donné un coup de poing sur le bouton de l'interphone.

– Qui est-ce ? a répondu une voix.

– Il y a un gamin, ici, qui prétend être le disparu… Et il correspond à la description.

– Laisse-moi entrer, Dirk, a dit Vince.

Il y a eu une sorte de bourdonnement électrique, la porte s'est ouverte, et nous sommes entrés dans un univers d'épaisse moquette en laine et de murs recouverts de boiseries. Un ascenseur nous a emportés jusqu'au troisième étage, où un type nous attendait, un grand costaud avec des cheveux blonds assez longs, une mâchoire carrée et une tête de héros sans peur et sans reproche. Ça ne pouvait être que Dirk. Vince s'est engouffré dans l'appartement en l'ignorant superbement.

Un petit vieux à lunettes, tout chauve et rondouillard, a dévalé les escaliers à notre rencontre.

– Vince, mon petit ! Dieu soit loué !

C'était donc lui, la machine à faire de l'argent, le papa de Vince, Jules Constant en personne ! Il ouvrait grand ses bras, mais Vince ne s'y est pas jeté.

– Je peux te parler seul à seul, Papa ?

– Prévenez madame Constant que Vince est ici, a dit Jules.

Dirk s'est éclipsé et Jules nous a emmenés vers son bureau. Il s'était mis à parler en français, et à toute allure.

– Papa, s'il te plaît, parle anglais, a demandé Vince. Sinon, Henry n'y comprend rien.

Jules m'a regardé. En fait, il me voyait pour la première fois.

– C'est un ami, a dit Vince.

– Enchanté, a dit Jules, l'air ailleurs, et il s'est retourné vers son fils. Pourquoi as-tu disparu de cette façon ? Où étais-tu ?

– Je ne pouvais plus supporter d'être ici.

Jules a secoué la tête comme s'il n'en croyait pas ses oreilles.

– N'as-tu pas ici tout ce que tu désires ? Tout ce que l'argent peut acheter ?

– Oh, bien sûr. Mais ce qui manque, ce sont les petites choses qui ne s'achètent pas, justement. Un père avec qui parler, par exemple. Ou des gens autour de moi qui m'aiment plutôt que de souhaiter ma mort.

À ces mots, le visage rond de son père s'est empourpré.

– Si c'est à ta mère que tu fais allusion…

– Ma mère est morte ! Ma vraie mère, je veux dire.

Ils s'affrontaient du regard comme deux combattants qui attendent le coup de gong pour se jeter l'un sur l'autre. C'est alors qu'une blonde étourdissante a fait son entrée dans la pièce. Je n'avais pas deviné, à écouter Vince, que la Poison pouvait ressembler à une héroïne de série télévisée – et pourtant, j'aurais pu m'en douter. Elle n'en avait pas seulement le physique, mais aussi les manières. Elle en faisait des tonnes.

– Oh, Vince, mon pauvre petit ! Te voilà de retour ! Comme c'est merveilleux ! Tu n'as rien ? Que t'est-il arrivé ?

– Il s'était sauvé, a dit Jules, l'air soudain très las.

Les yeux de la Poison, déjà très écarquillés, se sont encore agrandis d'un cran. Elle s'est tournée vers Vince, et sa voix s'est faite stridente.

– J'espère que tu n'as pas raconté un tas de mensonges à ton père ?

Vince n'a rien répondu.

– Tu es un ingrat, mon fils ! a dit Jules tristement.

– Et on peut savoir ce qui t'a décidé à revenir ? a demandé la Poison, méprisante, du bout de ses lèvres peintes.

– Toi, a rétorqué Vince, venimeux. Tu me manquais trop.

Au regard qu'elle lui a lancé j'ai compris qu'elle était décidée à lui rendre coup pour coup. J'ai donc toussé légèrement, et elle s'est tournée vers moi. J'en ai été soulagé, car je commençais à me sentir invisible.

– Je vous présente lord Henry Belvedere, a dit Vince en détachant chaque mot. Fils aîné du duc de Montfort, et marquis de Newhaven.

J'aurais voulu avoir un appareil, à cette seconde, pour photographier la tête de la Poison. Sa mâchoire inférieure s'était affaissée tandis que ses sourcils remontaient de plusieurs centimètres au-dessus de ses yeux plus écarquillés que jamais. Jules semblait sidéré, lui aussi.

– F… fils de duc ! a répété la Poison.

Elle en bavait presque. Et moi, très simple :

– J'espère que je ne vous dérange pas. Je voulais m'assurer que Vince était bien rentré chez lui.

– Comment se fait-il que vous connaissiez mon fils ? a demandé Jules.

Vince y est allé de la petite histoire que nous avions concoctée ensemble.

– Après être parti, hier soir, j'ai fait du stop pour sortir de Londres, et je me suis retrouvé en pleine campagne. Je voulais trouver un endroit où me cacher pour la nuit, alors j'ai escaladé un mur…

J'ai enchaîné, comme prévu, toujours avec mon accent d'Oxford :

– … J'étais sorti avec les chiens faire un tour de la propriété, et l'un d'eux a flairé la présence de Vincent dans un fourré. C'est ainsi que je l'ai découvert. Il m'a dit qu'il s'était sauvé de chez lui et, ma foi, je l'ai pris en pitié. J'en ai parlé à Père, qui a bien voulu qu'il passe la nuit chez nous.

– Voilà qui est fantastiquement aimable de la part du duc, a dit la Poison qui avait littéralement bu mes paroles.

Il me restait à conclure :

– Et ce matin, donc, nous avons convaincu Vincent qu'il devait rentrer chez lui.

– Il me semble que nous devons à votre père une fière chandelle, a dit Jules. Je tiens à le remercier sans plus attendre.

Il s'est dirigé vers le téléphone.

– Quel est son numéro ?

J'ai répondu très vite :

– Il n'est pas là. Il chasse, ce matin, avec quelques amis.

– Pourquoi ne pas lui écrire, papa ? a dit Vince. Ou plutôt, pourquoi n'inviteriez-vous pas le duc et

Henry à dîner ? Ce serait un bon moyen de le remercier de vive voix.

Jules avait l'air plutôt réticent, mais la Poison en haletait d'excitation.

– Oh, Jules, quelle idée merveilleuse !

Jules l'a regardée en hochant la tête, résigné.

– Bien sûr, si cela te fait plaisir, chérie.

Vince m'a fait un clin d'œil. Puis il s'est tourné vers la Poison et il a dit, comme on conclut un traité de paix :

– Tu pourras porter le collier de diamants, Linda, en l'honneur du duc !

D'après nos renseignements, le duc de Montfort faisait beaucoup de choses pour la préservation de l'environnement. Je lui ai donc écrit pour lui demander de l'argent en faveur d'un prétendu projet que je voulais lancer avec les élèves de ma classe. La réponse est arrivée quelques jours plus tard, sur papier à en-tête portant les armoiries des Montfort. Le duc refusait de financer le projet mais, courtoisement, il avait signé la lettre de sa main.

De son côté, Jules Constant avait écrit lui aussi au duc de Montfort pour l'inviter à dîner ainsi que son fils Henry. Vince s'était proposé pour poster la lettre, et c'est moi qui l'ai récupérée. Nous avons découpé le texte du duc pour garder l'en-tête et la signature ducale que nous avons collés sur une feuille vierge avant de taper la réponse à la machine, puis nous avons photocopié le tout pour faire disparaître les traces de collage. Vince s'est arrangé pour être présent au moment où son père décachetait l'enveloppe.

– Monsieur le duc accepte mon invitation, a annoncé Jules.

Mais il examinait avec attention la feuille de papier.

– Cette lettre m'a tout l'air d'une photocopie...

Vince l'a regardée à son tour et s'est mis à rire.

– C'est encore un coup de Hammond, le secrétaire du duc ! Il fait tout le temps des bêtises. Il t'a envoyé la photocopie à la place de l'original !

Jules a haussé les épaules. Les bêtises des secrétaires, il connaissait ça très bien.

Vince m'a fait passer un message : « Tout marche comme prévu ! »

J'ai alors expliqué à mon oncle Fred que le garçon qui avait passé une nuit à la maison était le fils d'un millionnaire échappé de chez lui, et que je l'avais ramené à son père.

Revenu de sa stupéfaction, l'oncle Fred n'a pas perdu de temps pour me poser la question essentielle :

– Est-ce que tu as eu une récompense ?

– Pas encore, oncle Fred. Mais nous sommes invités à dîner.

– Qui ça, nous ?

– Je n'avais pas envie d'y aller tout seul, alors j'ai demandé si tu pouvais m'accompagner.

– Comme c'est intelligent de ta part, Johnny ! La sagesse d'un ancien te sera utile pour traiter avec des gens comme ceux-là.

Par « traiter », il entendait, bien sûr, leur soutirer le maximum. J'ai dit qu'il nous faudrait une tenue correcte.

– Ne t'en fais pas pour ça. On peut tout trouver en location.

L'oncle Fred rayonnait littéralement.

– Je suis même prêt à payer ce qu'il faudra.

3

Mission impossible

J'étais en train de me coiffer – d'essayer, en tout cas – quand l'oncle Fred est entré dans ma chambre et m'a demandé, anxieux :

– Comment tu me trouves ?

– Magnifique.

Je le pensais vraiment. J'avais craint que l'oncle, habillé pour un dîner en ville, ait tout d'un épouvantail à moineaux, mais je dois reconnaître que, pour la première fois de sa vie, il était tout simplement élégant. Et moi, je n'étais pas mal non plus. C'est incroyable ce qu'une tenue vestimentaire peut faire de vous.

L'antique tacot de l'oncle, une Mini complètement démantibulée, nous attendait devant la maison. Lips, Billy et Teabag attendaient aussi.

– Qu'est-ce qu'ils font ici, ces trois-là ? a demandé l'oncle.

– Je leur ai promis qu'on les déposerait en ville.

Je me suis installé à l'avant avec l'oncle Fred et les copains se sont tassés sur la banquette arrière, en criant et en se bousculant comme toujours.

Je leur ai demandé de synchroniser leurs montres.

– Sept heures et demie moins dix secondes... cinq, quatre, trois, deux, un... partez ! Vous avez bien compris ?

Ils ont hoché la tête.

– À neuf heures précises – vingt et une heure. D'accord ?

– Qu'est-ce que tu racontes ? a demandé l'oncle.

– C'est un jeu entre nous.

Je lui ai indiqué l'endroit où garer la voiture, dans une contre-allée le long de Park Lane, et nous sommes tous descendus. J'ai dit aux copains :

– Amusez-vous bien !

Et je me suis dirigé avec l'oncle Fred vers l'entrée principale de l'immeuble. Dirk a répondu à l'appel de l'interphone.

– C'est Henry.

– Entrez donc, Monsieur, a dit la voix respectueuse de Dirk.

– Tu t'appelles Henry, maintenant ? Qu'est-ce que ça veut dire ? a demandé l'oncle, une fois dans l'ascenseur.

– Je leur ai dit que mon nom était Henry. N'oublie pas de m'appeler comme ça. Je leur ai dit aussi que tu étais mon père, et non mon oncle. Donc, ne t'étonne pas si je t'appelle Père.

– Père ?

– Mais oui. C'est bien mieux que « Papa », non ?

– Et qu'est-ce que tu leur as encore raconté ?

– Eh bien, justement...

Je n'ai pas pu en dire plus, car la porte de l'ascenseur venait de s'ouvrir et Dirk nous attendait sur le palier.

– Bonsoir, Votre Grâce, a fait Dirk en regardant l'oncle Fred.

Il nous a fait entrer chez Jules Constant et a refermé la porte derrière nous.

– Vous permettez que je prenne vos manteaux ?

Il a pris les manteaux et les a accrochés dans un placard sous l'escalier. Puis il a dit :

– Je vais prévenir madame Constant que vous êtes ici.

Et il s'est engouffré dans le salon.

– Dis donc, a demandé l'oncle Fred, tu ne leur as tout de même pas dit que je m'appelais Grâce ? C'est un nom de femme !

– C'est une autre sorte de Grâce, mon oncle. En fait…

Mais j'ai dû m'interrompre une fois de plus, car la Poison déboulait du fond du corridor en déversant sur nous un véritable torrent de paroles et de formules de politesse.

– Comme je suis heureuse de vous voir ! C'est trop aimable à vous d'être venu, Votre Grâce ! Quel bonheur pour moi !

L'oncle Fred la regardait en ouvrant de grands yeux. Je me demandais ce qui l'impressionnait le plus : le physique de la dame ou les méga-diamants qui lui pendaient autour du cou.

Je me suis mentalement pincé le nez pour sortir mon plus chic accent de graine d'aristocrate.

– Ravi de vous revoir, Mâdâme. Père, je vous présente madame Constant.

– … chanté ! a fait l'oncle.

Elle lui a décoché un de ses sourires à renverser les buffets, puis elle s'est tournée vers Dirk.

– Voulez-vous dire à monsieur Constant que le duc de Montfort est arrivé, ainsi que son fils, le marquis de Newhaven.

J'ai entendu un vague gargouillis en provenance de la gorge de l'oncle Fred. Dirk est parti comme une flèche vers le bureau du maître de maison.

– Mon époux se fait une telle joie de vous rencontrer, Votre Grâce, a repris la Poison. Voulez-vous me suivre au salon ?

L'oncle Fred semblait pétrifié, à l'exception de sa bouche qui s'ouvrait et se fermait sans produire le moindre son.

Je me suis approché de lui et j'ai chuchoté :

– Je voulais te dire...

Il ne m'a pas laissé continuer. Il m'a regardé avec des yeux exorbités et il a dit dans un souffle :

– Je veux sortir d'ici !

J'ai fait non de la tête et je lui ai donné une bourrade dans les côtes pour lui indiquer la marche à suivre. Ses jambes flageolaient, mais il a tout de même réussi, avec mon aide, à se propulser jusqu'au salon. Jules est arrivé à son tour.

– Bonsoir, Monsieur le duc, a-t-il dit en saisissant la patte tremblante de l'oncle Fred pour la serrer énergiquement.

Puis il s'est tourné vers moi :

– Très heureux de te voir, Henry. Je vous en prie, asseyez-vous.

– Venez près de moi, Votre Grâce, a dit la Poison.

J'ai donné une autre bourrade à l'oncle et il est tombé dans un sofa à côté d'elle.

– Que désirez-vous boire ? a demandé Jules.

– Je... grh... re..., a bredouillé l'oncle.

Les mots ne passaient plus. J'ai traduit pour lui :

– Un scotch. Et pour moi, un jus d'orange.

Je savais que l'oncle se serait contenté d'une bonne bière, mais une boisson plus forte ne lui ferait pas de mal dans les circonstances et conviendrait mieux à son rang.

– C'est un bon garçon que vous avez là, a dit Jules en me donnant de petites tapes sur l'épaule. Je suis certain qu'il saura, plus tard, faire honneur à votre titre.

– Er... ouch... oh ! a fait l'oncle.

– Je voudrais pouvoir en dire autant de mon propre fils, a ajouté Jules à l'instant précis où le fils en question faisait son entrée dans la pièce.

– Bonsoir, Votre Grâce, a dit Vince. Je suis très heureux de vous revoir. Je voulais vous remercier encore une fois pour la gentillesse avec laquelle vous m'avez reçu au château.

– Au... à... quoi ?

– Nous vous remercions tous, a dit Jules.

Dirk a tendu à l'oncle un grand verre rempli de

scotch et de glaçons. L'oncle s'en est saisi comme si on lui avait jeté une bouée et a bu une grande lampée. C'était peut-être un effet du breuvage, mais j'ai senti que son cerveau se remettait à fonctionner. Ce n'était pas tous les jours que l'oncle Fred entendait un millionnaire lui témoigner sa reconnaissance, et il y avait là de quoi éveiller son intérêt.

– Nous avons reçu Vincent ? Mais oui ! C'est naturel, n'est-ce pas, John... pardon, Henry ? Normal. Tout le plaisir est pour moi.

Pour une oreille avertie, son accent était de quelque part entre Mayfair* et Battersea**, mais nos hôtes étaient des étrangers, incapables de distinguer à l'oreille les différents faubourgs de Londres.

– Je ne trouve pas de mots pour dire à quel point j'ai été bouleversée quand mon cher enfant a disparu, a dit la Poison.

Vince m'a fait un clin d'œil en levant discrètement une main, le pouce en l'air. C'était le signe convenu pour me dire que Billy et Teabag avaient escaladé l'escalier de secours et se trouvaient maintenant dans sa chambre, attendant le moment

* Quartier populaire de Londres.

** Quartier chic.

d'entrer en action. Jusque-là, donc, tout marchait comme nous l'avions projeté. Même l'oncle.

À l'extrémité du salon, une porte s'ouvrait sur la salle à manger, et nous apercevions une table garnie d'une quantité de cristal et d'argenterie suffisante pour ouvrir une grande surface spécialisée dans les cadeaux de mariage.

La Poison s'est levée. L'oncle, saisissant le message, s'est levé aussi. Elle a posé délicatement sur son bras la pointe de ses doigts chargés de bagues et il l'a conduite vers la salle à manger, tel le tsar de toutes les Russies escortant sa tsarine. Je dois reconnaître que l'oncle, ce jour-là, m'a étonné. Il assurait, vraiment. Au-delà de tout ce que j'aurais osé espérer.

Mais, tout de même, on ne peut pas dire qu'il était à la fête. Je l'ai bien vu au regard qu'il m'a lancé quand nous nous sommes assis autour de la table. Ce regard-là me disait que s'il sortait vivant de ce guet-apens, j'avais toutes les chances, moi, de me retrouver en morceaux au fond de la Tamise.

Dirk et une servante affublée d'un drôle de tablier nous passaient des carafes de vin et des plats de nourriture. Je suppose que le chef avait, pour l'occasion, accouché de quelques chefs-d'œuvre d'art culinaire, mais c'était du gaspillage pour ce qui me concerne. *Idem* pour l'oncle Fred, lequel dit toujours qu'il aime savoir exactement ce qu'il a dans son assiette. Et il regardait ladite assiette, ce jour-là, comme si quelqu'un avait essayé de l'empoisonner. Jules, lui, mangeait en savourant chaque bouchée, et Vince engloutissait tout ce qu'on lui servait avant d'en redemander. Ce gars-là était un affamé chronique !

– Vous devez avoir une magnifique maison, a dit la Poison.

– Oh... ah... hum..., a fait l'oncle, perdant une nouvelle fois l'usage de la parole.

– Si tu la voyais, M'man ! s'est écrié Vince.

Et de décrire avec enthousiasme un château qu'il avait récemment visité avec sa classe.

– On entre par un portail immense, puis on suit une grande allée qui contourne le lac et traverse tout le parc...

– Le parc, c'est ça ! a dit l'oncle, en pensant peut-être aux pots de fleurs que la tante Edna entretient sur le rebord de ses fenêtres.

– Le grand hall d'entrée est baroque, a dit Vince.

– Quoi ? a marmonné l'oncle. Il n'est pas bien, notre hall ?

– Ah, comme j'aimerais voir tout cela, a soupiré la Poison.

– Pourquoi pas ? Quand vous voudrez, a répondu l'oncle.

La Poison, emportée par sa joie, a applaudi.

– Tu entends, Jules ? Le duc nous invite au château de Montfort !

– J'entends, a dit Jules avec un léger soupir.

Le dîner avait duré un peu plus longtemps que ce que j'avais prévu. Il était neuf heures moins le quart quand nous sommes repassés dans le salon. Plus que quinze minutes pour le déclenchement de la phase finale ! Vince s'était discrètement éclipsé. La servante a apporté du café et Dirk nous a offert des liqueurs, puis ils sont repartis tous les deux sur la pointe des pieds.

Plus que huit minutes ! J'ai respiré un grand coup, et je me suis lancé.

– Vous portez un collier magnifique, Madame Constant.

– Il vous plaît ? a demandé la Poison en prenant un air surpris.

Et elle a tourné la tête pour faire bouger les pierres qui se sont mises à jeter des feux dans toutes les directions. C'était Piccadilly Circus* aux heures de pointe.

* Une grande place de Londres, très animée.

– Il appartenait à ma première épouse, a dit Jules doucement.

La Poison l'a regardé en fronçant les sourcils. Mais il a continué :

– Disons que c'est une sorte de bijou de famille.

J'ai regardé l'oncle Fred :

– Nous avons un tas de bijoux de famille, nous aussi, n'est-ce pas, Père ?

– Ah, pour ça, oui ! a répondu l'oncle. Ma femme a une broche qui lui vient de son arrière-grand-mère !

Et qui fait la fierté de la tante Edna. Elle doit bien valoir ses cinq livres*.

Jules pensait toujours à la mère de Vince, et il a encore dit, comme pour lui-même :

– J'étais très épris de Mathilde. Sa mort a été pour moi un coup terrible. Je crois que Vincent en a beaucoup souffert, lui aussi. Plus, peut-être, que je ne l'ai pensé à l'époque.

La Poison, furieuse, a changé de sujet.

– Je me demande vraiment où est passé Vince. J'espère qu'il ne va pas nous refaire le coup de se sauver !

– Je suis ici, Linda, a dit Vince en surgissant derrière elle dans l'encadrement de la porte.

* Environ 50 F.

Il m'a adressé un imperceptible hochement de tête. J'ai compris qu'il avait prévenu les deux autres membres du commando planqués dans sa chambre et qu'ils avaient maintenant rejoint leurs postes de combat. Vince s'est rapproché du sien : le téléphone.

Plus que trois minutes ! J'ai senti mon cœur cogner contre ma poitrine, et je me suis lancé :

– Père est un expert en matière de diamants !

L'oncle Fred m'a jeté un nouveau regard qui disait quelque chose comme : attention, je ne marche plus dans tes combines, mais je l'ai ignoré.

– Voulez-vous lui permettre de l'examiner de plus près ?

– Mais bien sûr, a dit la Poison.

Elle a porté les mains à sa nuque où elle s'est mise à batailler avec le fermoir.

– Oh, zut ! Je n'arrive jamais à défaire ce truc-là !

– Laisse-moi faire, chérie, a dit Jules.

Il restait moins d'une minute... Est-ce qu'ils allaient s'escrimer encore longtemps sur ce maudit collier ? ... Trente secondes...

– Je l'ai ! s'est écrié Jules, enfin.

– Merci, a dit la Poison.

Et elle a tendu le collier à l'oncle Fred... Et ce balourd qui ne voulait pas le prendre ! Il s'est contenté de le regarder de loin en disant :

– Il est très beau, c'est sûr...

J'ai attrapé le collier que tendait toujours la Poison et je l'ai fourré d'autorité dans la grosse paluche de l'oncle en disant :

– Tenez, Père. Regardez-le donc.

L'oncle, à regret, s'est penché sur le bijou.

Quatre... trois... deux... un... zéro !

Rien.

Que se passait-il ? Lips n'était-elle pas parvenue à entrer dans la cabine téléphonique ? Sa montre s'était-elle arrêtée ?

Ou bien avait-elle oublié ce qu'elle devait faire ?

Puis le téléphone s'est mis à sonner, et j'ai failli bondir. Mais Vince avait déjà la main sur l'appareil et il pressait le récepteur contre son oreille pour nous éviter d'entendre les petits bruits signalant les appels en provenance d'une cabine.

– Vous êtes chez monsieur Constant.

Le ton était glacial, plus vrai que nature.

– Oui, monsieur Constant est là. Une seconde, je vous prie. Papa ? C'est pour toi. C'est monsieur Winthrop qui t'appelle de New York.

– À une heure pareille ? s'est étonné la Poison.

– À New York, c'est encore l'après-midi, lui a fait remarquer Jules.

Puis il a dit à Vince, exactement comme nous l'espérions :

– Je vais le prendre dans mon bureau.

Quand Jules a décroché le récepteur de son bureau, Vince a reposé celui du salon. Nous savions tous deux ce qui allait se passer maintenant. Lips, avec son plus bel accent américain, annoncerait à Jules qu'elle allait lui passer monsieur Winthrop et le prierait de ne pas raccrocher, et monsieur Winthrop tarderait, tarderait...

L'heure H était passée depuis trente secondes.

Des cris étouffés nous sont parvenus, venant du palier, devant la porte de l'appartement.

– Quel est ce bruit ? a demandé la Poison en fronçant les sourcils.

Vince est allé dans le corridor pour appeler Dirk :

– Il se passe quelque chose dehors, Dirk. Vous voulez bien aller jeter un coup d'œil ?

Dirk s'est exécuté sans mot dire. Le petit Billy était à l'intérieur de l'ascenseur, hurlant et tapant des poings :

– Au secours ! Je suis coincé ! Aidez-moi à sortir !

Dirk a enfoncé le bouton commandant l'ouverture. En pure perte, puisque Billy, de l'intérieur, appuyait sur le bouton « fermeture des portes ». Tout en continuant à hurler.

Vince, très calmement, a refermé la porte de l'appartement et enclenché le verrou, mettant ainsi hors de combat le plus redoutable des bataillons ennemis. Dans le salon, il ne restait plus que la Poison et nous.

L'heure H était passée depuis quarante-cinq secondes.

Teabag a glissé un pétard de feu d'artifice sous la porte de la cuisine. C'était un pétard sauteur, et les domestiques, à l'intérieur, devaient sauter aussi pour l'éviter. Nous avons entendu une série de détonations ressemblant à un tir d'arme à feu, suivies par des cris et des appels au secours.

– Oh, mon Dieu ! a crié la Poison. Il faut que j'aille voir ce qui se passe dans la cuisine !

Et elle s'est précipitée hors de la pièce.

– Il s'en passe de drôles ici, a observé l'oncle Fred.

Personne ne lui a répondu. Je lui ai arraché le collier des mains tandis que Vince fonçait dans le corridor.

– Eh ! Qu'est-ce que tu fais ?

– Vite, filons ! j'ai crié.

Je l'ai saisi par un bras et je l'ai soulevé de son fauteuil.

– Tu préfères attendre les flics ?

Le mot « flic » l'a électrisé.

– Par où on sort ?

J'ai dit :

– Suis-moi !

Le plan aurait marché comme sur des roulettes si je n'avais pas oublié que les millionnaires peuvent devenir très méchants dès qu'il s'agit de leur argent, ce qui explique sans doute pourquoi ils en ont autant. Jules, sachant que monsieur Winthrop l'appelait aux frais de sa compagnie depuis l'autre rive de l'Atlantique, a décidé de mettre fin au gaspillage et il a préféré raccrocher plutôt que d'attendre plus longtemps. Il a quitté son bureau au moment où Vince récupérait nos manteaux sous l'escalier. Je suis sorti du salon en courant, suivi de l'oncle Fred, et Teabag est apparu en même temps, venant de la cuisine.

– Que se passe-t-il ? a demandé Jules.

Puis il a tendu un doigt vers moi.

– Qu'est-ce que tu as là ?

Le collier dépassait de la poche de ma chemise.

– Courez ! a crié Vince.

Il s'est précipité dans les escaliers, et nous lui avons tous emboîté le pas.

Jules n'était pas idiot. Il a crié :

– Aux voleurs ! Dirk, où êtes-vous ?

Un grand coup contre la porte de l'appartement lui a répondu. Dirk l'avait entendu, mais il se trouvait du

mauvais côté. Jules avait plutôt l'habitude qu'on lui ouvre les portes, et il a gaspillé quelques précieuses secondes pour venir à bout de celle-ci.

Pendant ce temps, nous grimpions quatre à quatre les marches de l'escalier. Vince et Teabag escaladaient le lavabo et décampaient sur les toits. L'oncle hésitait. J'ai hurlé :

– Par la fenêtre !

Il s'est bloqué :

– Je ne saute pas par la fenêtre !

Il a fini par s'exécuter, méfiant, et je dois dire qu'il n'avait pas notre souplesse. J'entendais des pas pesants se rapprocher dans l'escalier. J'ai donné à l'oncle une poussée qui l'a envoyé à plat ventre sur la passerelle, et j'ai sauté derrière lui. Puis je me suis retourné et j'ai claqué la fenêtre. J'ai vu apparaître, à l'intérieur, le visage de Dirk qui me regardait. Je me suis dépêché de pousser le verrou que Vince avait installé là les jours précédents.

J'ai entendu qu'on secouait furieusement la fenêtre tandis que je franchissais la passerelle en courant et en tirant l'oncle derrière moi, mais quand nous avons atteint l'escalier de secours, le bruit avait cessé. J'en ai déduit que Dirk avait dû battre en retraite et qu'il allait essayer de nous rattraper par un autre chemin.

Billy, de son côté, avait filé en redescendant par l'ascenseur et il était déjà sorti de l'immeuble. Lips est arrivée en courant de la cabine téléphonique. Nous nous sommes tous retrouvés devant l'antique Mini. Tous, sauf l'oncle Fred, qui descendait marche à marche l'escalier de secours en soufflant comme un phoque. Il a mis encore plusieurs secondes à nous rejoindre, et il était au bord de l'asphyxie. J'ai crié :

– Ouvre la voiture ! Vite !

Il s'est exécuté et nous nous sommes empilés dans la Mini pendant qu'il se laissait tomber derrière le volant. J'ai dit :

– Tirons-nous d'ici !

L'oncle ne s'est pas fait prier. Il a mis le moteur en marche et on est partis. Je n'ai pas pu retenir un cri de victoire.

– On les a eus !

– Non, a dit Vince en regardant par la vitre arrière.

Une grosse Mercedes venait d'apparaître à l'angle de la rue. Dirk était au volant, et Jules se tenait à côté de lui.

4

Mission accomplie

Vous pensez peut-être qu'une course-poursuite entre la Mini déglinguée de l'oncle Fred et le fleuron de l'industrie automobile allemande ne laissait pas beaucoup de chance à la Mini. Mais Dirk était habitué à conduire dans New York, où les rues sont toutes à angle droit. À Londres, les avenues comme les petites rues forment une toile d'araignée – une araignée qui aurait un peu trop bu –, et l'oncle Fred les connaissait mieux que sa poche. Il conduisait à toute allure, avec la rage d'un chauffeur de taxi. Il a tourné à un angle de rue, puis à un autre, puis à un troisième. La circulation, comme toujours, était très dense. Les voitures se bousculaient autour de nous dans un vacarme de coups de klaxon et de hurlements de freins.

J'étais étonné de constater que Dirk arrivait à nous suivre, et même qu'il se rapprochait de nous.

– Ils ont dû appeler les flics à l'heure qu'il est, a dit Teabag, plus sinistre que jamais.

– En supposant que papa soit décidé à me faire arrêter avec vous, a observé Vince. J'espère que non.

Je l'espérais aussi, et je croisais les doigts à m'en faire mal.

Nous avons traversé Oxford Street en grillant les feux rouges, salués par un nouveau concert de freins et de klaxons. J'ai vu la Mercedes se faufiler entre deux files et foncer sur nous.

La Mini tanguait et bondissait dans tous les sens, comme l'aiguille du compteur de vitesse, quand nous avons tourné, sur les chapeaux de roue, à l'angle de Cabendish Square.

– Je veux rentrer à la maison ! a gémi Billy, terrorisé.

– Et on va où, à ton avis ? a demandé Lips.

Le fait est qu'arrivé à ce point, l'oncle Fred lui-même ne savait plus très bien où se diriger. La voiture s'est engouffrée dans la contre-allée la plus proche. Devant nous, l'allée bifurquait, nous isolant de la circulation. On était obligés de la suivre. Elle s'enfonçait brusquement dans le sol, et nous avons compris vers quoi nous nous dirigions : un parking souterrain !

La Mini a filé à toute allure le long de la rampe d'accès, comme un vaisseau spatial qui rentre à sa base. Il y avait une voiture devant nous. Le chauffeur prenait son ticket au distributeur automatique. La barrière s'est relevée comme un ressort. L'oncle Fred a accéléré, la Mini est venu se coller à la voiture, pare-chocs contre pare-chocs... et l'a suivie sous la barrière.

Il y a eu, derrière nous, le bruit de la barrière qui retombait et le crissement des pneus de la Mercedes.

L'oncle a actionné son klaxon, provoquant une sorte de miaulement plaintif de la Mini. La voiture qui nous précédait s'est rangée sur le côté et nous sommes passés.

– Sortons d'ici ! a crié Teabag.

Bonne idée. Mais comment ? La piste à sens unique s'enfonçait sous le square en décrivant un large cercle qui paraissait sans fin, entre deux longues files de voitures garées. Est-ce qu'il y avait une sortie, seulement ? Ou bien, est-ce qu'on avait oublié d'en faire une ?

– Par là ! a crié Lips en tendant le bras vers la gauche.

L'oncle a donné un coup de volant, qui a fait sortir la voiture de la piste circulaire. Et nous nous sommes retrouvés sur une autre rampe. Un écriteau clignotait devant nous : « Niveau 2 » et la Mini s'est engagée dans un nouveau tunnel circulaire identique au précédent.

J'ai crié à mon tour :

– Pas par là ! On continue à s'enfoncer !

J'avais à peine fini de parler que nous avons entendu derrière nous le moteur de la Mercedes.

– Oh, bon Dieu ! a fait l'oncle.

Il a écrasé l'accélérateur et nous avons continué à descendre. Soudain, trois voies se sont ouvertes devant la voiture et trois voix ont fusé.

– Tout droit ! À gauche ! À droite !

L'oncle a joué du volant à l'aveuglette et nous avons filé un peu plus bas, au niveau 3.

– Si on continue à s'enfoncer comme ça, a dit Vince, on va rejoindre Sydney*.

– Qui c'est, Sydney ? a demandé Billy.

– La ferme ! a hurlé l'oncle, en pleine panique,

* Une ville d'Australie.

apercevant une voiture qui bouchait la voie devant nous.

C'était une grosse Citroën qui manœuvrait pour s'extraire d'un parking. Surpris par notre arrivée en trombe, le conducteur a bloqué ses freins et la voiture a calé. La Mini est passée comme un boulet de canon dans l'espace laissé libre.

Puis nous avons tous retenu notre souffle. Comme l'oncle avait levé le pied de l'accélérateur, on pouvait entendre à nouveau le bruit de moteur qui se rapprochait, de plus en plus puissant. Il y a eu un hurlement de pneus sur l'asphalte, puis un vilain bruit de tôle froissée, et pour finir un grand silence. Dirk n'avait pas eu notre chance !

On est tous sortis de la Mini en arrivant devant chez moi. Il a fallu aider l'oncle. Il avait des jambes en coton, et les plus grandes difficultés à mettre un pied devant l'autre.

Je l'entendais marmonner :

– Mais pourquoi t'as fait ça, Johnny ? Et à moi, en plus ! À un honnête garçon comme moi ! Pourquoi tu m'as embarqué dans ce vol de diamants ?

Et, après un court silence :

– Ils valent combien, à ton avis ?

Vincent et moi l'avons poussé et tiré jusqu'à la maison pendant que les copains se hâtaient de rentrer chez eux, épuisés mais triomphants.

Ma tante nous attendait, ignorant tout de ce que nous venions de faire, mais tout de même très inquiète. Elle a jeté un bref regard à l'oncle Fred, et elle a dit :

– Mettez-le au lit !

Nous l'avons hissé jusqu'au premier étage, où il s'est écroulé sur son lit en bredouillant :

– Ils valent combien ?

Je suis redescendu avec Vince dans le *living-room*. Comme la pièce donne sur la rue, j'ai préféré ne pas allumer de lumière. J'ai tiré le collier de ma poche, et nous l'avons contemplé avec autant d'effroi que d'admiration. Il brillait doucement à la faible lueur d'un réverbère qui entrait par les fenêtres. J'ai tendu le bijou à Vince :

– Au cas où les flics viendraient.

– Les flics ? a demandé Vince, brusquement alarmé.

J'ai hoché la tête.

– Nous n'avons pas changé les plaques minéralogiques de la Mini, que je sache ? Dirk et ton père ont certainement repéré le numéro. À l'heure qu'il est, ils doivent savoir où nous sommes.

– Papa n'appellera peut-être pas la police.

J'ai haussé les épaules.

– Dans ce cas, il pourrait bien envoyer Dirk et un ou deux autres gros bras récupérer son fils et son collier. Tu ne crois pas ?

Pauvre Vince ! Il n'avait vraiment pas l'air dans son assiette. Je lui ai dit :

– Va dormir, maintenant. On verra bien ce qui se passera.

On s'est tous levés très tard le lendemain matin. Il n'était pas loin de midi quand nous nous sommes assis devant le petit déjeuner servi par tante Edna avec une quantité d'œufs et de bacon.

Ensuite, j'avais l'intention de retourner dans ma chambre pour m'offrir un petit supplément de sommeil, mais quelque chose dans la rue a attiré mon attention. Une grosse Mercedes. L'identité de son propriétaire ne faisait pas le moindre doute, surtout avec ce pare-chocs embouti.

La Mercedes s'est garée juste devant la Mini, et le conducteur en est descendu. Ce n'était pas Dirk. C'était Jules Constant. Et il n'y avait personne d'autre dans la voiture.

Il a frappé à la porte. Je suis allé lui ouvrir.

– Bonjour, Henry. Je peux entrer ?

Il y avait une sorte d'humilité dans sa voix qui m'a étonné.

Nous nous sommes retrouvés tous les trois, Jules, Vince et moi, dans le *living-room*.

– Je ne rendrai pas le collier, Papa, a dit Vince. Il est à moi.

Jules a hoché la tête :

– Oui, Vince, il est à toi. Personne n'essaiera plus jamais de te le prendre. Je te le promets.

Vince l'a regardé fixement :

– Mais la Poison... je veux dire, Linda... dit qu'il lui appartient...

– Linda s'en va, a dit Jules d'une voix tendue mais calme. Elle retourne aux États-Unis. Dirk part avec elle.

J'ai échangé un coup d'œil avec Vince, et Jules a continué.

– Je vais devoir lui payer une coquette somme d'argent, mais au moins je serai débarrassé de sa vue. Et toi aussi, Vince.

– Mais... Papa...?

Jules a levé une main pour lui demander le silence. Il s'adressait à Vince, mais il continuait à parler en anglais par courtoisie à mon égard.

– Linda était complètement bouleversée, hier soir, à cause de ce collier. J'ai fini par comprendre que cette perte l'affectait plus que ta propre disparition. Les policiers m'ont aidé à retrouver la trace de cette petite voiture dans laquelle vous aviez pris la fuite, mais cette fois je n'ai pas voulu qu'ils interviennent. Je pensais que tu reviendrais de toi-même à la maison... Ce matin, je suis allé travailler, en me disant que c'était sans doute la meilleure chose à faire en t'attendant. Mais j'étais trop préoccupé. Alors, je suis retourné à l'appartement...

Jules a respiré profondément avant de poursuivre.

– Je les ai trouvés ensemble. Linda et Dirk. Il était en train de la consoler, si j'ose dire. Je suis certain que vous êtes assez grands, tous les deux, pour comprendre ce que cela signifie.

Nous avons fait oui de la tête.

– J'ai compris à cet instant un tas de choses que je n'avais pas voulu voir jusque-là.

Jules a fermé les yeux comme pour cacher sa souffrance.

Il y a eu un grand silence et Vince a dit :

– Ça doit être dur pour toi, Papa. Tu était complètement fou de cette Linda, non ?

– Fou c'est le mot. Elle était jeune, ravissante, elle faisait semblant de m'aimer, et moi je voulais la croire. Mais je peux te dire, Vince, que je n'ai vraiment aimé qu'une femme dans ma vie, et que cette femme, c'était ta mère.

Vince a paru surpris.

– Si tu l'aimais, pourquoi étais-tu si rarement à la maison ?

– Je voulais gagner beaucoup d'argent pour elle, et pour toi. Mais avec le temps, vous êtes devenus si proches l'un de l'autre que vous sembliez vous suffire à vous-mêmes. Vous vous passiez très bien de moi... Alors, je me suis absenté de plus en plus souvent.

– Tu aurais dû me raconter tout ça plus tôt, Papa. Tu ne m'en disais jamais rien.

– Toi non plus, tu ne me parlais guère, mon garçon. J'espérais toujours, mais tu restais enfermé sur toi-même.

– J'attendais que tu te décides, Papa.

Jules a poussé un profond soupir et il a dit doucement :

– Tout va changer maintenant.

Vince a dit à son tour, sur le même ton :

– Je vais rentrer à la maison avec toi, Papa. Si tu veux bien de moi.

Jules s'est contenté de hocher la tête, avant de se retourner brusquement vers moi.

– Quant à toi, jeune homme, je ne te félicite pas. Tu n'aurais pas dû encourager mon fils dans cette vilaine entreprise. Toutefois...

Il a sorti une carte de visite de sa poche.

– Malin et culotté comme tu es, tu devrais faire ton chemin. Si tu cherches du travail, quand tu seras en âge de gagner ta vie, prends contact avec moi !

Quand il a ouvert la porte, l'oncle Fred était là, figé dans une drôle de position, l'oreille au niveau du trou de la serrure. Jules est sorti sans lui accorder un regard.

– Merci pour tout, Johnny, a dit Vince en me serrant la main.

J'ai répondu simplement :

– Pas de quoi, Vince. Et surtout, continue à parler avec ton père.

Ils sont montés dans la Mercedes, qui s'est éloignée lentement. Derrière moi, l'oncle Fred suffoquait.

– Tu l'as laissé partir ! Et le collier avec lui !

J'ai haussé les épaules. Ce collier, je m'en fichais complètement. Mais l'oncle était au bord des larmes.

– Après tout ce que j'ai enduré ! Après tout ce que j'ai souffert ! Pour rien !

Vince s'est retourné pour m'adresser un signe d'adieu. Il était assis à l'avant de la voiture, à côté de son père.

J'ai dit :

1920

– Je ne crois pas que c'était pour rien, Oncle Fred. Si tu veux mon avis, je dirai que l'Opération Diam's a été une grande réussite !

Et je suis rentré dans la maison en sifflotant, l'air dégagé.

Dans mon poing gauche, je serrais un petit caillou étincelant et glacé. C'était un diamant que Vince avait glissé dans ma poche avant de s'en aller.

TABLE DES MATIÈRES

Dans la même collection

JE BOUQUINE

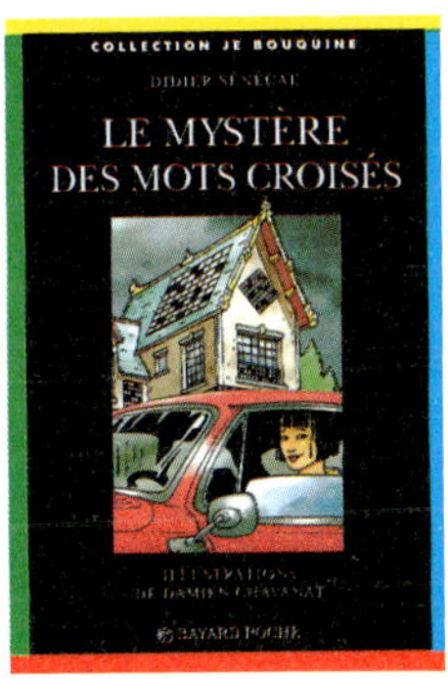

Collection

JE BOUQUINE

1 - Le combat d'Odiri
2 - Le secret du Pilfastron
3 - Haïti chérie
4 - Les kilos en trop
5 - Menace dans la nuit
6 - Danger sur les gratte-ciel
7 - L'affaire Père Noël
8 - Jessica
9 - L'appel de la louve
10 - Torpédo contre les gangsters
11 - Les fugitifs
12 - Coups de bec, coup de cœur
13 - Le mystère de la maison rouge
14 - Les colombes du Liban
15 - Bastille, mon amour
16 - Le voyageur perdu
17 - Le secret des Incas
18 - La malédiction du corbeau
19 - Je m'appelle Dracula
20 - Le défi de Serge T.
21 - Cabrita la sauvage
22 - Papa fantôme
23 - L'enfant qui venait de l'espace
24 - La fille aux santiags
25 - L'escrocœur
26 - Le roi du jazz
27 - Le secret
28 - Moi, le zoulou
29 - Le mystère des mots croisés
30 - Kidnapping en télétrans
31 - L'otage
32 - L'enfant tombé du ciel
33 - Opération Diam's
34 - À la recherche de Frankie

CABRITA LA SAUVAGE

Au village, on ne connaît ni son âge, ni le son de sa voix : Cabrita, l'orpheline qui garde ses chèvres dans la montagne entourant le château de Piédraille, n'a pas besoin de parler pour comprendre les animaux. Mais voilà qu'Évrard, le fils du seigneur, revient au château après des années passées à apprendre le métier de chevalier. Pour lui, les animaux ne sont que du gibier. Et Cabrita, une sorcière sale et sauvage... Pourtant, le plus sauvage des deux n'est peut-être pas celui qu'on croit...

Un roman de Anne-Marie Pol
illustré par André Juillard.

L'APPEL DE LA LOUVE

Igor est le jeune chien fougueux du vieux berger Alexis. Un jour, au hasard des alpages, Igor rencontre une louve solitaire qui l'attire et le fascine. C'est Gleipnir. Courses folles à travers les forêts, chasses sauvages, chahuts dans la neige : Igor voudrait devenir loup pour suivre Gleipnir dans toutes ses aventures. Mais la vie des loups est dure. Igor cédera-t-il à l'appel de la liberté... ou retournera-t-il à la tranquillité de sa vie de chien de berger ?

Un roman de Jean-Jacques Tupet
illustré par Christian Rossi.

PAPA FANTÔME

Jeremy Smith vit seul avec sa mère à Paris. Son nom anglais et ses taches de rousseur sur le nez sont les seules traces qu'il garde de son père, John Smith, un célèbre violoniste que Jeremy n'a jamais vu et dont sa mère refuse de parler. Les seules traces ? Pas tout à fait ! Il y a aussi la passion de la musique : Jeremy joue du violoncelle et fréquente assidûment concerts et enregistrements... Et voilà que justement, il découvre sur une affiche l'annonce d'un concert de... John Smith ! Jeremy retrouvera-t-il enfin son père ?

Un roman de Jean-Côme Noguès
illustré par Jacques Ferrandez.

MENACE DANS LA NUIT

Juste avant son tour de chant, Tamara, la célèbre chanteuse, reçoit une menace de mort. Non loin de là, Frédéric va voir un film d'épouvante à la séance de minuit... Le hasard les met face à face. Une ombre mystérieuse les poursuit. Pour Frédéric, l'adolescent solitaire, cette nuit d'angoisse sera aussi la découverte d'une tendre amitié.

Un roman de Michel Grisolia
illustré par Ruben Pellejero.

L'ESCROCŒUR

Est-ce parce qu'il est né un jour de pluie ? Jocelyn, dit Josse, a bien du mal à supporter ses parents. Son père, banquier, si intéressé par ses intérêts. Sa mère au foyer, en qui ne semble plus brûler aucune passion. C'est ça, la vraie vie ? Pour Josse, ce serait plutôt le micro-ordinateur, la musique, les copains, et surtout l'action qu'il mène avec passion au Resto du Cœur de son quartier. Tout cet argent d'un côté, tout ce manque d'argent de l'autre : dire qu'il suffirait d'appuyer sur une touche de l'ordinateur pour tout arranger... Généreusement diabolique, diaboliquement généreux, Josse réalise-t-il à quel point tout peut basculer ?

Un roman de Joseph Périgot
illustré par Philippe Munch.

LE ROI DU JAZZ

À la Nouvelle-Orléans, au début du siècle, Léon le Noir et Noël le Blanc sont copains comme les doigts de la main. Ou plutôt comme les doigts d'un musicien sur l'instrument qui les fait rêver : le cornet à pistons exposé sur un coussin de velours dans la vitrine du marchand de musique de la ville. Si seulement ils pouvaient s'offrir ce trésor, ils démarreraient ensemble une carrière de jazzmen qui les conduirait au zénith, c'est sûr ! Un jour, le rêve des deux garçons devient réalité. Mais leur amitié survivra-t-elle à l'incroyable aventure qu'ils auront à vivre ?

Un roman de Alain Gerber
illustré par Loustal.

LE SECRET

Iricha s'ennuierait ferme si elle n'avait pas ce journal à qui elle confie les secrets de ses quinze ans. Car les vacances s'annoncent mornes dans cette villa de location entre papa, maman et les pins des Landes... Et puis une nuit où ses parents sont sortis, Iricha entend du bruit. Elle en est sûre : quelqu'un est entré, en bas, au rez-de-chaussée. Qui est-ce ? Et qui est ce garçon, Gilles, qu'Iricha découvre marchant sur un cable d'acier suspendu entre deux pins, dans la forêt non loin de la maison ? Une moto, l'amitié, une cabane dans les arbres, la clé d'un tiroir secret, les discussions sur la plage... Et si le bonheur ne tenait qu'à un fil ?

Un roman de Giorda
illustré par Tito.

MOI, LE ZOULOU

Serge a douze ans et un rêve : être zoulou. Ou plutôt essayer. (Attention, pas un guerrier aborigène : un collégien branché.) Mais devenir un authentique zoulou n'est pas chose facile. Il faut les baskets zoulou, la casquette, le blouson, et même les lacets zoulou... Pauvre Serge ! Face à l'incompréhension de ses parents, il a bien du mal à se procurer toute la panoplie. Pire : quelqu'un s'amuse à la lui piquer au fur et à mesure qu'il la constitue. Serge réussira-t-il un jour à devenir le zoulou de ses rêves ?

Un roman de Marie-Aude Murail
illustré par Dupuy-Berberian.

LE MYSTÈRE DES MOTS CROISÉS

Louis Mortier mène une vie oisive, sans se soucier de ses innombrables kilos en trop. Il est riche, si riche qu'il peut se permettre de ne pas travailler et passer ses journées à assouvir sa passion pour les mots croisés. Mais un beau matin il reçoit une lettre postée de Bangkok, en Thaïlande. Louis Mortier pâlit en découvrant son contenu : une grille de mots croisés qui fait allusion à des événements de sa vie qu'il croyait oubliés... Quel est ce serment qu'il a trahi ? Cette statue qu'il a volée ? Le passe-temps de Louis Mortier devient une machine à remonter le temps vers un passé où se croisent cupidité, mystère, trahison et vengeance...

Un roman de Didier Sénécal
illustré par Damien Chavanat.

KIDNAPPING EN TÉLÉTRANS

Lilas a beau vivre en 2420 sur un micro-monde en orbite entre Mars et Jupiter, elle s'ennuie. Ses parents, toujours en voyage entre deux planètes, la laissent en compagnie d'un robot pâlot, Karel. Mais ce « sac à clous » ne suffit pas à Lilas. Elle veut un vrai copain. Et si elle programmait Karel pour aller lui en chercher un d'un coup de télétrans, cette capsule qui se transporte instantanément à travers l'espace et le temps ? Voilà comment Benoît, qui faisait tranquillement du patin, à Paris, un jour de cette fin du XXe siècle, se retrouve catapulté quatre siècles plus loin... Sacré voyage pour Benoît ! Et sacrée surprise pour Lilas !

Un roman de Joëlle Wintrebert
illustré par Yves Chaland.